ジュニアのためのスタイルブック

中原淳一

この本をご覧になる前に

中原淳一が使いはじめ、そして今ではすっかり使われなくなってしまった「ジュニア」という言葉は、十代の人たちのことを指し、この子供でもなく大人にもなりきっていない年代を人間形成の上でいちばん大切な時期と考えていた淳一は、「十代のひとの美しい心と暮しを育てる」雑誌として昭和29年に『ジュニアそれいゆ』を創刊し、少女達の夢を育みながら、精神面も含めて「本当の美しさ」を伝えていこうとしました。

ここにお届けするジュニアのためのデザイン集は

その中で若い人の服装を考えるページとして人気を呼んだ「ジュニアそれいゆぱたーん」から、昭和32年、33年、34年の初夏、夏、秋のためのデザインを集めたものです。当時の若い人たちが競って作ろうとしたスタイルがどんなものだったのかを知っていただくと共に、この中に語られている淳一の言葉から、時代を超えて普遍であるべき、「おしゃれの精神」をくみとっていただきたいと考え、スタイル画も文章も、今の流行にそぐわない部分があっても、すべて発行当時のまま収録しました。

十代という年代には、大人の真似をするのではなく、若々しい、大人でも子供でもない年頃にしかない美しさを生かすおしゃれを知ってほしい、そして四季折り折りの日々を少しでも気持ちよく愉しく過ごし、まわりの人々をも明るい気持ちにするために、「装う心」を身につけてほしい、というのが淳一の一貫した考え方であり、それをわかりやすく、具体的に説くことで、一人一人の少女に自分の装いについて考えてほしいという気持ちが、このページには溢れているように思います。

年代にかかわらず、どうぞ皆さんもこの本を読んで、「おしゃれの基本」についてもう一度考えてみて下さい。そしてこのスタイルの中から、いくつかでも作ってみたいと思う服があったら、実際に布を手にしてみて下さい。

この本を洋服作りに役立てる方も、そうでない方も、ページをめくっているだけで何となく心が洗われる本として、あなたの本棚に加えていただければ幸いです。

一九八五年六月　　国書刊行会

制作にあたって

本書は、雑誌『ジュニアそれいゆ』昭和三十二年九月号、同三十三年五月号、七月号、同三十四年五月号より「ジュニアそれいゆぱたーん」四篇を収録した。

本文は雑誌掲載文をもとに新たに組み直した。また、今回の出版に際し、新たに序文を加えた。

デザイン画については掲載画をすべて収録した。

装幀については、表紙絵に昭和四十四年に十代の人のために描かれたデザイン画を使用し、新たに製作した。

ジュニアのためのスタイルブック——ジュニアそれいゆぱたーんより

初夏には思いきりおしゃれをしましょう

1959年5月号より

一年中で一番気持のいい季節がやって来ました。若草や花々は爽やかな風にそよぎ、木々のうすい緑の葉は、柔かな陽をうけて、キラキラとひるがえっています。この優しい陽の光も、やがて強烈な輝きに変る日も近いことでしょう。

そしてあっと思う間にやって来る夏。その時のために、今から衣裳計画をたててみましょう。学校がある間は、どうしても制服だけを着ますから、自分らしい装いを楽しむのは本当に夏休みだけ。布地は色どりも豊富だし、手頃な値段のものも多いので、デザインも色あいも、ふだんは出来ない冒険が出来ます。

さあ、今年の夏は、うんとたのしいドレスを着て過せるように考えてみましょう。

新鮮な感覚を着ること

もし、あなたが〝ジュニアそれいゆ〟の古い読者だったら、去年や一昨年の〝ジュニアそれいゆ〟を出してきて、ドレスの頁を開いて見て下さい。そして、このぱたーんと見比べて下さい。両方がどう違うかわかりますか？

ウエストラインがいくらか上になって、スカート丈が少し短くなっているのに気がつくでしょう。

そして全円のスカートがすごく美しく見えたのも一昨年あたりでした。それが今年はもっと違うスタイルが美しいと感じられます。

『私は流行を追うような馬鹿なことはしない。個性的にする』などと言って、新しい美しさをとり入れることを必要以外のお洒落のように思っている人がいます。やたらに流行を追わないというのはいいことですが、流行を知った上で好みを自分流にこなすのがいいので、その時代の美しさを知らないただの流行おくれのままでは、個性的などころか、古くさい感じばかりで、少しも素敵に見えないでしょう。

僕は、決してジュニアの皆さんに流行を追いなさいとか、流行のドレスでなければ着ていけないとか言っているのではありません。けれども、洋服は一種の消耗品です。五年前の形は、今はもう美しいと感じられなくなります。だから、どうせ作るのなら新鮮な感覚のものを作ったほうがいいとは、誰でもが思うでしょう。そして、今持っているドレスも、自分の手でちょっと直すだけで、新鮮で洒落た装いが出来るのなら、こんないいことはないと思うのです。

古いドレスも新しく

前に書いたように、今年はドレスのウエストが上がり、スカートが短くなっています。

昨年や一昨年の〝ジュニアそれいゆ〟に出ているドレスも、デザインとしてはそのまま着られるものも多いのですが、今年になってみるとウエストが下っていることが、どうしても胴が長く見えてしまいます。実際にはほんのわずかの違いなのですが、そのほんの1～3センチの違いで、おや、と思うほどすっきりとした新鮮さをもたらせるのですから恐しいものです。だから、古い形で今年作ったドレスより去年着たドレスを流行にそってちょっと手を加えたほうが、ずっと洒落て見えるということもあるわけです。

それで、あなたの去年のドレスをちょっと出してみましょう。ウエストも長く、スカート丈も長いワンピースなら、上身頃を少し短くつめると、ウエストラインも上がりスカート丈も短くなるというわけです。もし、ふつうのギャザースカートだったら、去年よりも幾分上にはきましょう。といっても、きっとウエストのくびれまで落ちてきてしまいますが、ペティコートを少し上にはくと、そのふくらみでとまっています。ペティコートは三角形にぱっと広がるのでなく、円いふくらみをもったものにするように。もし、古い形のペティコートだったら、ウエストやウエストから少し下ったところに、自分でフリルをつけてごらんなさい。それからスカート丈は、ひざがかくれるくらい、それよりは長くならないようにして下さい。

ワンピース風のセパレーツについて

ここでは、ちょっと見たところワンピースに見えて、実はブラウスとスカートに分けて仕立ててあるというデザインをいくつかしてみました。

こうして仕立てておけば、ブラウスはブラウスとして、別色のスカートと組みあわせて着られますし、また、タイトスカートやギャザースカートとあわせて変化を楽しむことが出来ます。そして、スカートはスカートで白いブラウスにはいたり、肌寒い日には半袖のセーターにあわせる、というふうに、別々のものとして広く着られるたのしみがあります。

気をつけたいのは上下を平均して着るということです。上下を絶対に同じ回数だけ着るということは無理としても、洗濯の回数は大体同じくらいにするように心がけてください。でなければ、スカートなり、ブラウスなりのどちらかよけいに洗ったほうがめだつほど色あせてしまい、二つあわせた時にとてもみっともないことになって、二つに分けて仕立てたやり方が、かえってマイナスになってしまいます。もし、うっかりして片方の色がうすくなってしまって、二つあわせて上下の違いがよくわかる時には、決してワンピースとしては着ないように。二つをそれぞれ別のものとして、他のスカートやブラウスと組みあわせるようにしてほしいと思います。

夏には広いスカートを

ジュニアのタイトスカートはなかなかチャーミングなものです。けれども、これからの季節にはどうでしょうか。夏は活動的な季節だし、暑い季節でもありますから、タイトなものよりも、ある程度の広がりをもったスカートのほうが、あなたたちにはふさわしいように思います。

それに、夏は一般的に薄い布地や、木綿を多く使うことになるので、タイトスカートにはあまりおすすめ出来ません。どうしても作る時には、あまりすけない布を選ぶこと、ギャザーやフレアーならペティコート等ですけませんが、タイトは意外によくすけて見えるもの。また、手入れをまめにすること、特に綿で作った時には着たたびにアイロンをかけないと、しわが出来て醜くなります。

1

2

3

4

5

6

7

8

パターン・ドレス説明

1

無地で作ってもいいこのワンピースは、華やかに波うったフリルの重なりが、丸いスカートのシルエットをだすのに効果的です。フリルの四段めで切りかえてギャザーをよせます。布の耳がきれいなら裁断する前に布地の両耳をフリルの巾に先ず裁ってしまってもいいでしょう。ピコミシンをかけてもいいと思います。細いベルトは、ダラリとさがらないように芯を入れ、その帯のふちにきれいにミシンをかけてピンとはらせ蝶結びにしてしめてください。

2

絶対に無地で作りたいドレス。両胸のはリポケットは大きめに仕立てます。おかしくない程度に大きくしないと、このドレスの感じはいかされません。ボタンホールは少し長くて玉ぶちの巾も広めです。そしてこのホールを配色のよい別色で作ってあるのがアクセント。ボタンはドレスと共色か玉ぶちと共色にして、大きめのものを使いましょう。横に三個、同じ間隔で並べたボタンがポイントです。上身頃はたっぷりとって、ゆったりと仕立てるように。

3

これも無地で作るものと考えてデザインしたもの。地厚の木綿ならば案外プリントでもいいでしょう。その時にはカラーを白にして下さい。カラーはあわせめが重なっていますが、下になるほうの衿は少し小さめに作っておかないと、左右がちがって見えます。

身頃に二本とってあるひだには、ひだのごくはしのほうと、それから5～6センチ入ったところと二本ステッチをかけます。ベルトにも同じステッチを。上下にわけて仕立ててもいいもの。

4

肩を覆うケープのようなテクニックが可愛らしいこのドレスは、ホームドレスとしても、また夏の夜の集まりにもふさわしい利用範囲の広いデザインです。

このケープカラーは、あまり地厚の布地でなければバイヤスに裁って二つ折りにするといいでしょう。地厚のものなら一枚にして、ヘムの始末をします。ヘムの折りはあまり少なくならないように。無地、プリント、チェック、水玉、縞、それぞれに感じが違うので何でこしらえてもいいもの。

5

後あきのカラーに、深く折りたたんだ細かいプリーツがついているチャーミングなドレス。夏物は洗濯がはげしいので、このプリーツのひだ山とひだ奥のはしに細かくミシンをかけておくと、アイロンをかけるのも楽だし、いつもきれいにひだがついているでしょう。

白のゆるいカラーと、細かいプリーツの上の細いボウが印象的なドレスですから、無地ならこの白がくっきりと美しく見える濃い色を、プリントや縞なら白がひきたつものを選ぶこと。

6

ワンピースに仕立ててもいいし、ブラウスとスカートの組みあわせに仕立ててもいいでしょう。ゆったりとしたストレートな身頃を巾広のベルトでキュッとしめた感じになるように、身頃をたっぷりとります。バックカラーは大きめにゆったりと。カラーの下から半分のぞいたボタンは大きめのもの。このボタンは上下二つおいてそれがアクセントになっていますが、前の打ちあわせ中心にかくしホックをつけておきます。無地の、少し地の厚い布地で。

7

こんなドレスをきちっと着ているジュニアを考えるといかにも可愛くて、はなやかで、いきいきとした感じで嬉しくなってきます。美しいプリント、洒落たチェック、すっきりした縞、無地、どれでもあなたらしい布地を選びさえしたら、どのジュニアにも似あうデザインです。ウエストから13センチほど下ったところで切りかえてフリルをはさみこみ、ぐっと華やかさをそえています。フリルの巾は5～6センチ、ギャザーはたっぷりよせましょう。後開きです。

8

これもワンピースに仕立ててもトゥピースに仕立ててもいいドレス。打ちあわせからつづいて折れ返りボタンどめの感じになっているカラーと、ベルトに三つめのボタンがきているのが新鮮なテクニックです。上着とスカートのギャザーが対称になるように気をつけてください。純白のカラーを生かすために、無地で作りたいドレスですが縞でもいいでしょう。その時は、ベルトだけ横縞にします。ベルトには芯を入れて、しっかりと仕立ててください。

サック・ドレスを着ましょう

さわやかな五月になりました。緑の季節です。頬をかすめて通る風も、若葉の香りをいっぱいふくんで、そこいら中に新鮮な緑をまき散らして行くようです。身もこころも軽々と躍り出したくなるような季節、昨日までの厚いドレスはパッと脱ぎすてて、さァ、さわやかな季節にふさわしいものを新鮮に美しくよそおいましょう。

「サック・ドレス」をジュニアの皆さんは御存知ですか?・ウエストを全然しぼらないで、胸からスカートの裾までがズドンと一直線になっているドレス、といえば、『ああ、知ってる、この頃スタイルブックに出てるわ』と気付く人も多いでしょう。

1958年5月号より

さて、この「ジュニアそれいゆぱたーん」のドレスを良く見て下さい。今までのウエストのきっちり合ったドレスを見馴れた眼に、このウエストのずんどうな「サック・ドレス」はいかにも新鮮で、きっと皆さん『ステキ、私も着たい』と思うことでしょう。さわやかなこの季節に、新鮮なドレスを皆さん楽しく着て下さい。

このごろ大人の女のひとの間には、この「サック・ドレス」が良く話題になりますが、そんな時『絶対作ります。ステキですね』といいます。けれど中には時々『新鮮で着てみたいなァと思うんですけど、私なんか着たらおかしくないでしょうか』などというひともいます。

また中には『スタイルブックの中でファッションモデルが着ていればステキですけれど私なんて背が低くてスタイルが悪いんですもの、なんだか心配で着られないわ』などというひともいます。

ジュニアの皆さんの中にも、もしこんな風に思って自信をなくしているひとがいたとしたら、そんな考えは今すぐ捨てましょう。

『背が低いから』とか『スタイルが悪いから』とかで「サック・ドレス」を着る自信がないというのは、それは今までウエストのきちんとしたドレスを着なれていたからのことです。これが逆に、今まで「サック・ドレス」のような型のものを皆が着ていたとして、それが急にプリンセス・スタイルなんか見たらどうでしょうか。その時は『私はウエストが太いんですもの。こんなにウエストがぴっちりしたドレスなンか着る自信ないわ』という人も多いに違いありません。新しく出現したスタイルは、見馴れていないために、着たいのに着る自信がないということになるのです。ですから「サック・ドレス」についてそんな考えはやめて欲しいものです。

「サック・ドレス」はとても気に入っているのに、

『私には似合わないのではないかしら?』と思っているひとがもしいるとしたら、似合うとか似合わないとかいうことは考えないでいいのです。普通のウエストのきちんとしたドレスが似合うひとなのだったら、この「サック・ドレス」もきっと似合うにきまっているのです。

これからの季節の「サック・ドレス」は普通のモメンの洋服布地で、ドレス丈の二倍の長さがあれば充分です。これが冬物だったら布地代も相当かかりますが、夏のものだったら気楽に作れますね。ジュニアの皆さん、まず一つ「サック・ドレス」を作ってごらんなさい。ジュニアの「サック・ドレス」は本当に可愛いものです。

また「サック・ドレス」はウエストを全然しめていませんから、夏には本当に涼しく着られます。或る女優さんは『今までのスカートのパッとふくらんだドレスはペティコートをいっぱい重ねていたでしょう。サック・ドレスを着たら全然軽くって気楽で、私今年の夏はダンゼンサック・ドレスにきめました』と云っていました。

あなたももし一つ「サック・ドレス」を作ってみたら、この女優さんと同じ考えになるに違いありません。そして今年の夏のあなたのドレスは、全部「サック・ドレス」にしたくなってしまうでしょう。

ジュニアのあなたたちが新鮮な「サック・ドレス」で可愛くよそおった姿は街中をどんなに新鮮に美しくすることでしょう。

まず「サック・ドレス」を初めて作る時にはデザインも出来るだけシンプルなものから心がけて行った方がいいでしょう。そしてもしあなたの選んだデザインが、ウエストのあたりにベルトやボウなどのアクセントのあるものだったら、そのベルトやボウはウエストよりちょっと胸高の方が恰好が良いことを知っていて下さい。

それから「サック・ドレス」を作る時には、ドレス丈に注意して下さい。スカートがちょっと長めだナと思う位でも、ウエストのしまっていないこのドレスはうんとだらしなくみえてしまいます。特にジュニアのあなた達は、ロウ・ヒールの靴をはく事が多いのですから、スカート丈はくれぐれも短かめにする事を忘れずに。

「サック・ドレス」についていろいろ書きましたが外の今までのスタイルのものがいけないというのでは決してありません。外のスタイルには又それなりの良さ、美しさがあるのです。

大切なことはあなたに良く似合うドレスを上手に着る事です。「サック・ドレス」が新鮮な美しいあなたを作り出せたらすばらしいと思います。

9

10

11

12

13

14

15

16

17

18

19

20

21

22

23

24

ジュニアの夏のためのデザイン

1958年7月号より

あなたの夏をいっそう楽しく

海辺の白い砂に波のしぶきに、高原の緑の蔭にさわやかな風に、そして街の舗道に照りつける強烈な日の光の下に、元気なジュニアの溌剌とした美しさが人々の眼にパッとあざやかな夏！

もうあなたの夏の仕度は出来ましたか？明るい夏を、ジュニアのあなたがいっそうフレッシュにたのしく過すために、このパターンをうんと役立ててください。

新しい感じのギャザー・スカート

ウエストをキュッとしめて、そこから裾に向ってパッと三角形に大きく開いたスカート。去年まであんなに皆に愛されていたあの大きく開いたスカートも、もう新鮮さがなくなって来て、皆に愛されていた時は美しく思えた裾のひろがりも、却って暑苦しくさえ感じます。

そして大きく開いたスカートに倦きてしまった眼には、ウエストにギャザーをよせて、そのしぼった所から腰のあたりがぷっくりと丸味を出しているスカートが、とても新鮮に美しくうつります。このパターンの中のギャザー・スカートが去年とは感じが変って、とても新鮮だとあなたも感じませんか？

裾巾は一・五ヤールから二・五ヤール

去年のあの大きく開いたスカートは、裾巾がうんと広くないとあの広がりが出ないので、ギャザーよりも全円などのサーキュラーの方がよかったし、尚その広がりを強調するために、ペティコートも上の方には何もなくて裾の方にラッフル（ひだ飾り）をつけたりして、裾に向ってうんと広がるようにしていましたね。

今年、新鮮さを感じる腰のあたりをぷっくりさせるギャザー・スカートは、布巾をあんまりたっぷりつかいすぎると、布地が重くなってだらりとさがってしまうので一ヤール五分（注・約138センチ）位の布を輪に縫ってよせた位がちょうどいいのです。もし、うんと派手にしようと思っても、せいぜい二ヤール五分（注・約230センチ）位にして下さい。それ以上にすると布地が多くなりすぎて、腰のあたりの美しいふくらみが出て来ません。

ペティ・コートにも注意して

去年までは、あの裾をうんと張らせる為に、ペティ・コートを六枚も重ねている人もあったのですが、今年は勿論そんなに重ねる必要はないのです。

それに、今までの様に、裾にだけひだ飾りがあるペティ・コートではあのふっくらとしたスカートの線が出ないので、今までの普通のペティ・コートをつけたその上に、丈が半分位の短いものを作ってそれを重ねてはくと、腰のあたりのふくらみが綺麗に出てぐっと新しい感じが出て来ます。フレヤースカートの場合もこんな風に。ペティ・コートをつけた上に着ると、新しく美しい感じになります。

プリントを愉しみましょう

街の布地屋さんのお店には、いろとりどりの美しいプリントの布地が飾られて私たちの眼をうばいます。プリント布地は、夏の布地の女王さま。夏の間にうんとたのしく着ましょう。プリントを美しく着るのは夏だけのたのしみとも云えることです。他の季節にはプリントを着たいと思っても、出来ないことですね。他の季節の分までも、夏の間に沢山たのしんでおきましょう。

少ない布で出来るサック・ドレス

サック・ドレスがスタイルブックなどに出始めた頃には『日本人には似合わない』とか『おかしい』とかいろいろ言われていましたが、もう銀座などにはサック・ドレスを可愛く着たジュニアも沢山見かけるようになりました。

背のあまり高くない人だったら、ヤール巾（注・約92センチ）の布地を横に使って、グルッと身体をまわして後ではぐという風に、身体をグルッとまわすだけの寸法があればサック・ドレスが作れます。横に布地を使わなくても、縦にとってもドレス丈の三倍の布地でサック・ドレスは二着作れます。今まではドレス一着分しかとれないと思い込まれていた長さで二着とれるのですから、お友達と相談して、おそろいのを作るのもたのしいことですね。

スタイルブックをもっと自由に

あなたがピンクの布地を持っていて、それでドレスを作ろうと思ってスタイルブックで型をえらんでいる時、ついピンクの色のついたドレスの写真や画が目についてしまうのではないでしょうか？そして縞やプリントのドレスの型が気に入ったとしても、『でも私のは無地だから……』と、駄目だと思ってしまったりすることはないでしょうか。勿論デザインによっては、縞だから、又プリントだからそれが素晴しくて、無地では面白くないこともありますが、頭から『私の布地は無地だからこのスタイルは駄目だ』ときめてしまわないで、もっと自由にスタイルブックの中から好きなスタイルを選びましょう。

25

26

27

28

29

30

31

32

33

34

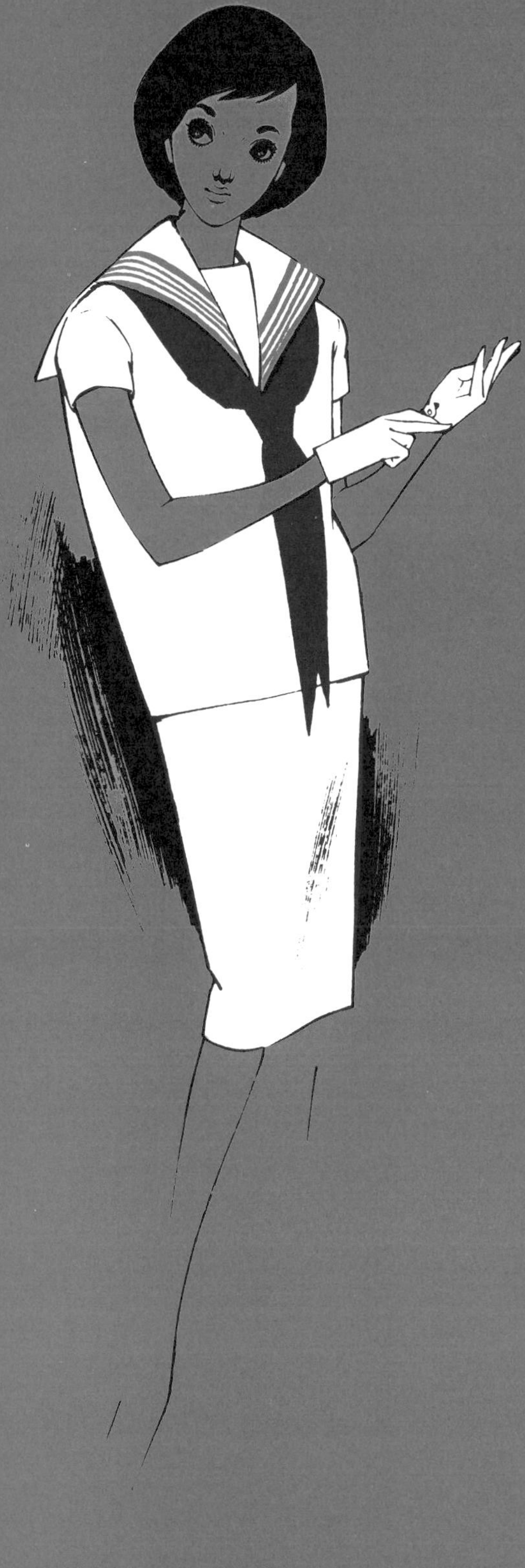

35

36

37

38

39

パターン・ドレス説明

25

たっぷりした身頃をウエストでキュッとしめたもの。これはぜひとも縞で作りたい。胸の切り替えに使った横縞がアクセントです。

26

胸を横に大きく切って、前の半円形のような切り替えに共布とレースのフリルを飾り、同じ感じを袖にも。無地で作ってもたのしいもの。

27

U字型の胸当てを前立が押えた感じ。その胸当てと襟の白が夏らしいすがすがしさをぐっと出しているサック・ドレス。縞で作ってもよいでしょう。

28

スカートを五段にして、それぞれの切り替えに共布のフリルをはさみます。無地でも縞でも良いのですがどの場合も襟はくっきりと白にして。

29

白い大きな襟をつけただけの、何でもないサック・ドレス。ドレスのプリントの一色をとったドレス丈一杯のリボンがアクセント。

30

スカートに美しい色のベルトをつけて、その下に左右にポケットの蓋をつける。ベルトは赤でも紺でも黄色でも、あなたの好きな色を。

31

縞を愉しく扱ったワンピース。スカートの前にも後にもスラッシュを四つずつ作って、そこに帯を通し、両横で可愛く蝶結びにします。

32

胸に思い切って巾広の別布をあしらったのが美しくてチャーミングなタイトスカートのワンピース。ジュニアでも年上の方のために。

33

27と同じ感じに、襟と胸当てを白にしたギャザー・スカートのワンピース。プリントで作る時にはこの白がぐっと引き立つ濃いものを。

34

胸の高い位置にスラッシュを作って別布のベルトを通し、襟からそこまでプリーツをたたみます。黄色で作って茶のベルトというのも美しい。

35

セーラー・スタイルのトゥピース。長い大きなネクタイがこのドレスのアクセント。カラーは好きな色でふちどりして白いラインを。

36

これも縞を上手に使って下さい。前にポケットの蓋をつけて、それを押えた布は、縞一幅を使います。細い縞より太めの縞の方が美しい。

37

スカートの前にスラッシュを作り、幅広の布を通した感じにして両横で釦どめ。この布と襟をトリミングした別布が美しいアクセントになります。

38

肩からウエストの下まで、V字型においた別色のあしらいがぐっとチャーミングなサック・ドレス。この布は思い切って幅をひろく。

39

無地やプリントではこのドレスは引き立ちません。大柄でも細いものでも、とにかく、縞の美しさをうんとたのしんだスタイルです。

秋はスカートで美しく

秋になりました。なんと心よい日ざしでしょう。一年中で一番美しい空、明るい空の季節です。木の葉のひとひらひとひらが、七色に染分けられて、それが風にふきあげられては空に散り、舞上り、青い空に模様を描く美しい季節。一年中で一番静かで一年中で一番平和で、しあわせな季節。それが秋です。

夏の間は気軽にワンピースも作れたのだけれど秋も深まる今日この頃は何となく心細く、ウールのワンピースを作るのは、ちょっと荷が重くて、頭をかしげてしまいます。

1957年9月号より

それで今年は、スカートやジャンパースカートでうんと楽しく、可愛らしくそして美しくなる事を考えてみましょう。

それから、少し大きなジュニアなら、タイトスカートも上手に可愛いく着こなせる様に考えてみましょう。

40

41

42

43

44

45

46

47

41

このヴェストはウエストをあまりしぼってありません。スカートと揃えてもいいのですが、無地のブラウスにチェックのスカート、そしてヴェストだけにあざやかな色を使ってみるのもステキです。下には、ブラウスでなくとも、ハイネックのスウェターでもいいわけですが、色は白にして、スカートは黒と赤とのこまかいチェックか、濃色のツィードなど、それに真赤なヴェストの組合せも美しいし、赤い色もまじっているチェックのスカートに、真黒のヴェストもステキな一揃です。ヴェストは衿あきを横に広くあけて、左の胸にわりあいに大きなポケットをつくり、そのフラップの下にあなたのイニシャルを入れてみるのはどんなものでしょう。

42

これはデニムで作ったスカートです。最近はデニムも色々な色が揃っていますから、あなたの好きな色をえらんで下さい。後はダーツですが前では三枚はぎの切替線を両脇からかぶせ合せる様な感じにタックをとります。その切替線の縫代をおさえる様に幾本ものミシンステッチをならべました。このステッチの糸はなるべく太めの糸にして、色もスカートの色と共色とはかぎらず、紺のスカートに赤い糸とか、黄色のスカートにこげ茶色の糸など……。ベルトは太めのもので共布で作ったものをキチンとしめましょう。

43

胸あてのあるスカートです。

前では胸いっぱいになっていますが、後ではウエストラインより少し上った位の位置までで、そこから出た帯が後で×してそれが前の肩で大きめのボタンで止めてあります。この帯だけを別色につかってみるのはどうでしょう。

黒いスカートに真赤な帯又は、茶色のスカートに黄色の帯、それから緑のスカートに黒い帯などみんな美しい色のとり合せです。又、黒いスカートに、黒と白とのこまかいチェックで帯をつくってみるのもきっとステキでしょう。しかしこの場合、ボタンの色は必ず帯の色に揃える様にして下さい。

胸あてはなるべく胸の高い位置までもっていって下さい。そして、肩の別色の帯にポイントを置いて、ベルトはなるべく目立たない様に、共布の細いものを……。

44

ちょっとワンピースの様にも見えるジャンパースカートです。衿のあたりの形を気をつけて作る様にそして前あきは、首の入るだけあけましょう。

ウエストのダーツから続いた様に、スカートはおがみ合せた様にタックを作りそれがスカートに変化をつくっています。

無地で作るのならそれは勿論いいのですが、美しいチェックなどもすてきです。しかしあまり大柄なチェックでは前立のあたりの模様がくずれてしまって不むきです。

それとも真黒で作って、下に真赤なスウェターを着るのもすてきだし、スウェターを白にして、白と黒の美しさをねらってみてもいいですネ。

さあ、あなたはどんな取り合わせでしょう……。

45

ゆるい前あきから折かえった丸い布はカラーの様でもあり、フラップを思わせるもので、共色の大きなボタンでそれをおさえているのが可愛いらしい印象です。後も前と同じ様に、身頃が背中をつつんでいて、後あきになっていてもいいのですが前肩から続けて紐をつくり、それを後でたすきの様に×させてもいい訳です。

上半身がブラウスドシルエットをえがいて、ゆったりとしたふくらみをもっている事と、フラップの様な衿のほかには何の飾りもないこんなジャンパースカートは、着古した制服からでも、又たっぷりギャザーをよせたスカートやオールプリーツのスカートで今まで持っているものがあって、もうそれがそのままでは着られないものがあったらそれからでも出来るはずです。新しい布地で作るのなら、ヤール巾(注・約92センチ)で、一ヤール七分位あれば作れるはずです。

46

このスカートは、つり紐を思いきって巾の広いものにしました。後では×させて、少しハイウエストの様にインサイドベルトの巾だけ上にあがったところに止めつけてあるのですが、そのつり紐に軽いバックルをあしらって変化をつけてみたものです。スカートのダーツは、このつり紐の下のあたりにつくって下さい。つり紐の巾が広くて、それの印象が強いので、ブラウスはなるたけ模様の目立たないものの方がよくて、なるべく無地にする方が無難です。

黒と白とのデニムのストライプでスカートを作って、淡いレモンイエローのブラウスなど美しいし、グレイのスウェターに濃い茶色のスカートもすてきです。勿論、黒いスカートに白いスウェターなら、云うまでもなく美しいのですが……。

47

ワイシャツスタイルのブラウスに、タイトスカートとの組合せは、秋のジュニアをどんなに活々と見せる事でしょう。シャツは男ものの様にカッチリと仕立てて少し大きなジュニアならカフスは折返したものにして、大きめのカフスボタンをたのしみましょう。

スカートは、巾広のベルトできっちりとしめた下から、前巾いっぱいのフラップの様な布を出してみました。その下から脇に向ってポケットを作ってあります。

高校一年から上のジュニアなら、そろそろタイトスカートをはいてみるのもしゃれていてステキですが、スカート丈をおとなよりちょっと短めにする事を忘れない様に……。

ご協力いただいた方々

著者、デザイン画家中原淳一氏の著作権者葦原邦子氏には、今回の出版にあたり御快諾、御協力いただきました。ここに記し御礼申し上げます。

ジュニアのための
スタイルブック

昭和60年6月1日初版発行
平成12年3月21日新装版第1刷発行

著　者　中原淳一
発行所　国書刊行会
東京都板橋区志村1-13-15
郵便番号　174-0056
電話　03(5970)7421
発行者　佐藤今朝夫
印刷　明和印刷(株)
製本　大口製本印刷(株)

ISBN4-336-04247-0